Soupes
50 Recettes

Directrice de collection
Nathalie Le Foll

Direction artistique et mise en pages
Virginie Demachy

Responsable éditoriale
Laurence Basset

Suivi éditorial
Nicolas Rabeau

Elle à table est un magazine publié par Hachette Filipacchi Associés.

Directeur de la rédaction
Jérôme Dumoulin

Rédaction en chef
Nathalie Le Foll

Secrétariat de rédaction
Hélène Mallein

ISBN : 2 85018 607 4
Numéro d'éditeur : 1463
Dépôt légal : octobre 2003
Photogravure : Quadrilaser
Imprimé en Italie par Canale

ELLE à table

Soupes
50 Recettes

filipacchi

Mis plus ou moins à l'écart durant les années « nouvelle cuisine », les bouillons, les soupes fines, les consommés brûlants ou glacés reviennent dans l'actualité, titillent le *fooding* et ce n'est que justice... Si l'on prend soin de choisir des légumes de saison à maturité idéale, de respecter les températures et les temps de cuisson, ces préparations sont diététiques, économiques, pleines de charme et de convivialité.

Dans le Sud-Adour, tous les repas commencent par une soupe parfumée préparée en fonction des produits du potager, de la basse-cour, du garde-manger, de la pêche, de la cueillette sauvage ou de la chasse. Chaque soupe permet une grande liberté de création culinaire et se déguste avec émotion quand elle devient un plat complet à partager, lors de fêtes familiales ou saisonnières. Réalisées avec les mêmes ingrédients par des personnes différentes, les bonnes soupes ne sont pourtant jamais identiques et les combinaisons d'arômes, d'herbes et d'épices révèlent parfois d'agréables surprises. Chaque cuillère doit évoquer le talent de la nature. Séduisante par toutes ses saveurs raffinées, la soupe prépare aussi le palais à la première gorgée de vin blanc qui s'y épanouit instantanément.

Dans notre monde qui bouge, qui change, la soupe, fille des légumes, des herbes, des champignons et des fruits, fait toujours partie de nos menus. Elle s'enrichit grâce à des métissages insoupçonnés, tout en suivant le fil conducteur de traditions ancestrales liées au bouillon de volaille, à la viande séchée ou fumée ainsi qu'aux poissons, coquillages et crustacés.

Pendant les vacances, j'aime à renouer avec la gestuelle de ma mère qui, du temps de l'auberge familiale, effectuait dès le petit matin des allers et retours entre le potager et la cuisine, lavant et taillant les divers légumes au rythme des différentes mises en cuisson.

Alain Dutournier
Le Carré des Feuillants, Paris.

Sommaire

Soupes de printemps

Asperges tendres, jeunes poireaux, petits pois, herbes fraîches...
Cuits en quelques minutes, les légumes nouveaux composent d'excellentes soupes à déguster,
relevées d'une pincée d'épices ou de quelques feuilles de persil.

VELOUTÉ D'ASPERGES VERTES AU SÉSAME

Très facile ■ Bon marché ■ Pour 6 personnes ■ Préparation 20 min ■ Cuisson 15 min

■ **1,5 kg d'asperges vertes**
■ **1 échalote**
■ **50 g de beurre**
■ **1 l de bouillon de volaille**
■ **4 c. à soupe de crème fraîche**
■ **2 c. à soupe de graines de sésame**
■ **sel**

1 Épluchez et lavez les asperges (réservez-en 6 pointes). Dans une grande casserole, faites revenir l'échalote hachée dans le beurre.

2 Versez un peu de bouillon de volaille, ajoutez les asperges, laissez cuire 5 min, puis versez le reste du bouillon et laissez frémir à feu doux et à couvert pendant 10 min. Mixez le tout.

3 Pendant ce temps, faites cuire les 6 pointes d'asperges dans de l'eau bouillante salée pendant 3 min, puis plongez-les dans l'eau froide. Épongez-les, coupez chacune des pointes en 2 dans le sens de la longueur.

4 Faites dorer dans une poêle bien chaude, sans matière grasse, les graines de sésame. Vérifiez l'assaisonnement du velouté. Réchauffez-le. Hors du feu, ajoutez la crème fraîche.

5 Servez le velouté parsemé des graines de sésame dorées et des pointes d'asperges.

à table +

■ *Hors saison et pour gagner du temps, vous pouvez utiliser des asperges vertes surgelées et déjà épluchées (Picard).*
■ *Ne salez pas avant la cuisson, car le bouillon de volaille contient déjà du sel.*

Vin conseillé
Sancerre blanc
Menu
Velouté d'asperges vertes au sésame
Carré d'agneau aux pois gourmands
Charlotte aux fraises

VELOUTÉ D'ÉPINARDS À LA MUSCADE

Très Facile ■ Bon marché ■ Pour 6 personnes ■ Préparation 15 min ■ Cuisson 22 min

■ **1 kg d'épinards**
■ **3 pommes de terre bintje moyennes**
■ **25 cl de crème fraîche**
■ **quelques gouttes de jus de citron**
■ **1 c. à café de muscade**
■ **poivre du moulin**

à table ✚

Si vous êtes pressé, remplacez les épinards frais par des surgelés hachés (450 g) et les pommes de terre par de la purée surgelée (250 g).

Vin conseillé
Anjou-Village rouge
Menu
Velouté d'épinards à la muscade
Meatloaf au bacon
Gratin d'ananas

1 Épluchez les pommes de terre, coupez-les en morceaux et mettez-les à cuire 20 min dans 1 l d'eau salée. Pendant ce temps, lavez les épinards et mettez de côté quelques jolies feuilles pour décorer le velouté. Quand les pommes de terre sont cuites, ajoutez les épinards et laissez cuire 2 min après la reprise de l'ébullition.

2 Mixez, réchauffez, rajoutez au besoin un peu d'eau, pour avoir environ 1,5 l de liquide. Assaisonnez avec la muscade, le citron et quelques tours de moulin à poivre, vérifiez le sel.

3 Ajoutez enfin la crème, réchauffez. Disposez les feuilles d'épinard sur le velouté.

SOUPE AUX FÈVES

Facile ■ Bon marché ■ Pour 4 personnes ■ Préparation 45 min ■ Cuisson 1 h 05 min

■ **2 kg de fèves fraîches**
■ **4 oignons frais**
■ **1 oignon rouge**
■ **1 l de bouillon de volaille**
■ **100 g de pommes de terre à chair farineuse**
■ **1 brin de menthe**
■ **2 c. à soupe d'huile d'olive**
■ **poivre du moulin**
■ **sel**

1 Pelez les oignons frais, lavez-les et hachez-les, partie verte comprise. Écossez les fèves, puis ébouillantez-les 30 s, rincez-les et retirez la petite peau claire qui les recouvre. Pelez les pommes de terre et coupez-les en petits cubes.

2 Faites chauffer l'huile dans une cocotte en fonte de 4 l de capacité et faites-y blondir les oignons 5 min. Ajoutez les fèves et les pommes de terre et mélangez pendant 1 min. Versez le bouillon et dès l'ébullition, salez, poivrez et laissez cuire 1 h.

3 Pendant ce temps, pelez l'oignon rouge et coupez-le en très fines rondelles.

4 Au bout d'1 h de cuisson, réservez quelques fèves pour le décor et passez le contenu de la cocotte au moulin à légumes (grille fine), ou mixez-le au mixeur plongeant.

5 Répartissez la soupe dans 4 assiettes creuses ou bols préchauffés, garnissez des fèves réservées et parsemez de rondelles d'oignon rouge. Servez la soupe chaude.

à table +

Accompagnez cette soupe veloutée de pain grillé que vous pouvez napper d'un filet d'huile d'olive fruitée et parsemer de quelques grains de fleur de sel et de brins de menthe fraîche ciselée.

Vin conseillé
Vin blanc premières côtes de Bordeaux

Menu
Soupe aux fèves
Cabillaud rôti aux fenouils et citrons confits
Mousse de fromage blanc aux fraises et geranium rosa

VELOUTÉ DE PERSIL PLAT AUX ŒUFS DE SAUMON

Facile ■ Bon marché ■ Pour 6 personnes ■ Préparation 20 min ■ Cuisson 35 min

- ■ 1 bouquet de persil plat
- ■ 2 blancs de poireau
- ■ 1,5 l de bouillon de volaille
- ■ 3 pommes de terre bintje
- ■ 200 g de haddock
- ■ 25 g d'œufs de saumon
- ■ 20 cl de crème fleurette
- ■ 40 g de beurre

1 Lavez et épongez le persil. Ciselez finement les feuilles et hachez les queues. Épluchez et lavez les poireaux. Émincez-les.

2 Laissez fondre le beurre dans une casserole et ajoutez les poireaux. Faites fondre en remuant, sur feu doux, sans laisser colorer. Ajoutez les queues et les feuilles de persil ciselées. Remuez quelques minutes sur feu doux, puis versez le bouillon de volaille et portez à ébullition.

3 Pelez les pommes de terre, lavez-les et coupez-les en dés. Versez dans le bouillon, poivrez et poursuivez la cuisson pendant 20 min. Mixez le contenu de la casserole, ajoutez la crème fleurette et remettez quelques minutes sur feu doux. Gardez au chaud.

4 Dans une casserole d'eau bouillante, pochez le haddock pendant 5 min et effeuillez-le en morceaux dans chaque assiette à soupe. Versez le velouté et ajoutez 1 c. à café d'œufs de saumon par personne.

à table +

Proposez de la crème fraîche à part et des tartines de pain grillées.

Vin conseillé
Blanc sec de Bourgogne
ou Pouilly fumé
Menu
Velouté de persil plat aux œufs de saumon
Pintade rôtie et rattes nouvelles au romarin
Vacherin aux fruits rouges

POTAGE VELOURS VERT

Très facile ■ Bon marché ■ Pour 6 personnes ■ Préparation 10 min ■ Pas de cuisson ■ Repos 30 min

- ■ **3 gros avocats (ou 4 à 5 petits)**
- ■ **1 l de bouillon de volaille**
- ■ **20 cl de crème fraîche**
- ■ **10 brins de persil plat**
- ■ **1/2 botte de ciboulette**
- ■ **1 botte de cerfeuil**

1 Lavez et séchez les herbes, ôtez les tiges du cerfeuil et du persil. Réservez 6 jolies pluches de cerfeuil.

2 Épluchez les avocats, ôtez les noyaux et mixez-les avec le bouillon de volaille et les herbes. Ajoutez la crème. Goûtez pour vérifier l'assaisonnement et mettez au frais 1/2 heure avant de servir.

3 Versez ce potage dans des bols ou des assiettes creuses et décorez d'un brin de cerfeuil.

à table ✚

■ *Pour une saveur plus piquante, ajoutez le jus d'un citron vert et quelques gouttes de Tabasco.*
■ *Si vous utilisez du bouillon de volaille en cube, diluez-en 2 cubes dans 1 l d'eau bouillante. Laissez refroidir.*

Vin conseillé
Rosé de Provence

Menu
Potage velours vert
Saumon en croûte de sel à la menthe, riz basmati
Tarte au citron

SOUPE AUX HERBES ET AUX RAVIOLES

Facile ■ Bon marché ■ Pour 4 personnes ■ Préparation 15 min ■ Cuisson 30 min

■ **4 plaques de ravioles du Dauphiné**
■ **1 botte de cerfeuil**
■ **1/3 botte de cresson**
■ **1/2 botte de persil plat**
■ **1/2 botte de ciboulette**
■ **3 brins d'estragon**
■ **10 feuilles de basilic**
■ **2 petits oignons avec leur tige**
■ **2 pommes de terre**
■ **50 g de beurre**
■ **3 c. à soupe de crème fraîche**

1 Lavez, nettoyez les herbes, séchez-les.

2 Épluchez, émincez les oignons et faites-les fondre à feu doux dans une grande casserole avec le beurre. Ajoutez le cresson lavé avec ses queues, le persil plat, l'estragon et la moitié du cerfeuil. Salez, couvrez et laissez cuire, toujours à feu doux, 5 min. Ajoutez 1 l d'eau chaude et les pommes de terre épluchées et coupées en cubes. Laissez cuire 20 min.

3 Mixez la soupe avec le restant du cerfeuil et le basilic. Quand la soupe est bien veloutée, réchauffez-la avec la crème fraîche. Goûtez pour vérifier l'assaisonnement. Quand elle frémit, versez les ravioles et remuez pendant 1 min avec une cuillère en bois pour les séparer.

4 Ôtez du feu, ajoutez la ciboulette ciselée et servez aussitôt.

à table ✚

■ *Vous pouvez, selon le marché, varier le mélange d'herbes.*
■ *Utilisez des herbes surgelées, plus économiques en hiver.*

Vin conseillé
Côtes du Rhône rouge
Menu
Soupe aux herbes et aux ravioles
Rôti de veau, purée de pommes
de terre au basilic
Mousse au chocolat

VELOUTÉ DE PETITS POIS

Facile ■ Bon marché ■ Pour 4 personnes ■ Préparation 20 min ■ Cuisson 40 min

- ■ **1,5 kg de petits pois à écosser ou 500 g de petits pois écossés**
- ■ **1 concombre**
- ■ **25 cl de crème fraîche**
- ■ **1 branche de céleri**
- ■ **1 oignon**
- ■ **1 carotte**
- ■ **1/2 citron**
- ■ **1/2 botte de cerfeuil**
- ■ **sel**

1 Épluchez la carotte, coupez-la en rondelles, faites-la cuire 30 min dans 1/2 l d'eau salée avec la branche de céleri et l'oignon épluché et coupé en 4. Égouttez, jetez les légumes et gardez le bouillon.

2 Jetez les petits pois écossés dans ce bouillon et faites-les cuire 3 à 5 min selon leur grosseur. Pendant ce temps, épluchez le concombre, ôtez les pépins et coupez-le en petits morceaux.

3 Mixez les petits pois avec le bouillon, le concombre, la crème fraîche et un peu de jus de citron. Réchauffez, goûtez pour vérifier l'assaisonnement, ajoutez au besoin un peu de jus de citron.

4 Servez ce potage parsemé de cerfeuil ciselé.

à table ✚

En été, vous pouvez servir ce potage glacé en remplaçant le cerfeuil par quelques feuilles de menthe.

Vin conseillé
Menetou-Salon rouge
Menu
Velouté de petits pois
Koftas d'agneau sauce abricot
Pommes caramélisées au romarin

Assez facile ■ Bon marché ■ Pour 6 personnes ■ Préparation 20 min ■ Cuisson 20 min ■ Prise en glace 50 min

■ **6 poireaux primeur nantais**
■ **2 c. à soupe de vin jaune**
■ **25 cl de crème liquide à 20 %**
■ **25 cl de lait demi-écrémé**
■ **5 œufs frais**
■ **3 c. à soupe de moutarde à l'ancienne**
■ **1 c. à soupe d'huile d'olive**

1 Lavez les poireaux, égouttez-les et coupez-les en petits tronçons. Faites chauffer l'huile d'olive dans un sautoir, ajoutez les poireaux et le vin jaune.

2 Laissez mijoter dans le sautoir recouvert d'une feuille de papier sulfurisé jusqu'à ce que les poireaux soient translucides, environ 15 à 20 min. Mixez le tout et passez au chinois. Rectifiez l'assaisonnement et réservez au frais.

3 Portez à ébullition la crème liquide et le lait. Battez les jaunes d'œufs et ajoutez le liquide bouillant en mélangeant bien. Laissez refroidir. Lorsque la préparation est froide, incorporez la moutarde à l'ancienne et passez la préparation dans une sorbetière, environ 50 min.

4 Servez le velouté dans des bols avec une boule de glace au centre.

à table ✛

■ *Recette d'Alain Passard qui utilise pour la réaliser la moutarde d'Orléans de Martin Pouret.*
■ *Le vin jaune peut être remplacé par du vin de Xérès.*

Vin conseillé
Brouilly rouge
Menu
Velouté de poireaux, glace
à la moutarde
Pigeons aux petits pois et au sésame
Délice fraise pistache

MINESTRONE DE PRINTEMPS

Très facile ■ Bon marché ■ Pour 4 personnes ■ Préparation 20 min ■ Cuisson 20 min

- ■ 150 g de légumes secs (mélange de pois cassés, lentilles blondes et roses, orge perlé, haricots secs, graines d'avoine)
- ■ 1 carotte
- ■ 1 navet
- ■ 1 petite courgette
- ■ 200 g de petits pois
- ■ 200 g d'épinards
- ■ 1/4 de bulbe de céleri-rave (200 g)
- ■ 1 branche de céleri
- ■ 2 petites pommes de terre charlotte
- ■ 1 petit poireau
- ■ 1/2 piment doux
- ■ 1/2 oignon rouge
- ■ 4 feuilles de sauge
- ■ 2 gousses d'ail
- ■ 1 brin de romarin
- ■ 1 botte de basilic
- ■ 2 c. à soupe de concentré de tomates
- ■ 1 bouillon-cube de bœuf dégraissé

1 Ne faites pas tremper les légumes secs, mais rincez-les rapidement sous l'eau froide et mettez-les dans une cocotte-minute, recouverts de 30 cl d'eau froide.

2 Ajoutez la sauge, le romarin, l'ail, les céleris et le basilic ciselé. Fermez la cocotte et faites cuire à feu doux 12 min à partir du démarrage de la pression.

3 Pendant ce temps, épluchez les légumes : coupez carotte, pommes de terre, navet et courgette en petits dés, émincez le poireau, l'oignon et le piment doux.

4 Après les 12 min de cuisson, ouvrez la cocotte en prenant soin de faire d'abord évacuer la vapeur. Ajoutez les légumes, le bouillon-cube et le concentré de tomates, salez peu, poivrez. Fermez la cocotte et laissez cuire encore 5 min.

5 Servez ce plat bien chaud, accompagné de parmesan râpé et d'une bonne huile d'olive.

à table +

Cette soupe très riche peut aussi se servir comme plat complet.

Vin conseillé
Anjou-Village rouge
Menu
Minestrone de printemps
Cailles rôties au caviar d'aubergine
Giboulée de cerises

SOUPE MISO

Facile ■ Bon marché ■ Pour 4 personnes ■ Préparation 20 min ■ Cuisson 15 min

- ■ **2 carottes**
- ■ **1/4 de céleri-rave**
- ■ **1/4 de radis blanc**
- ■ **1 gros oignon**
- ■ **100 g de pousses d'épinards**
- ■ **75 g de pousses de soja**
- ■ **1 petite noix de gingembre frais**
- ■ **30 g de pignons de pin**
- ■ **1/4 de botte de persil plat**
- ■ **1 c. à soupe de miso**
- ■ **sel**

1 Épluchez et râpez la carotte, le céleri et le radis blanc. Épluchez et émincez l'oignon. Faites cuire les légumes 15 min dans 1 l d'eau. Salez.

2 Pendant ce temps, mixez le gingembre épluché avec les pignons et le persil plat. Versez dans le bouillon de légumes et mélangez.

3 Au moment de servir, ajoutez les pousses d'épinards, le soja et le miso. Mélangez et servez aussitôt.

à table +

■ *Le miso, une des bases de la cuisine japonaise, est une pâte faite avec du soja et du riz. On le trouve dans les magasins bio. Il est excellent pour la santé.*

■ *Ce bouillon est très reconstituant, léger et rafraîchissant. Au Japon, on commence toujours les repas par ce genre de soupe.*

Vin conseillé
Blanc d'Alsace, Riesling

Menu
Soupe Miso
Saumon et concombre vapeur,
sauce à la menthe
Crème renversée au citron

28

GRAINES
DE SESAME

MATSURI SUSHI

BOUILLON OUZBEK DE SAUMON

Facile ■ Bon marché ■ Pour 4 personnes ■ Préparation 20 min ■ Cuisson 30 min

- ■ **500 g de chair de saumon ultra-frais**
- ■ **1 poireau**
- ■ **1 oignon**
- ■ **1 branche de céleri**
- ■ **20 cl de coulis de tomates**
- ■ **1/2 c. à café de quatre-épices**
- ■ **10 cl de crème liquide**
- ■ **1 citron vert**
- ■ **1 noix de gingembre**
- ■ **1 feuille de laurier**
- ■ **1 c. à café de coriandre moulue**
- ■ **1/2 botte de ciboulette**
- ■ **3 brins d'aneth**
- ■ **4 brins de coriandre**
- ■ **sel**

1 Épluchez le poireau, l'oignon et le céleri, coupez-les en morceaux et faites-les cuire 20 min dans 1 l d'eau avec la feuille de laurier, le gingembre épluché et émincé. Salez et poivrez.

2 Passez le bouillon à travers une passoire fine. Ajoutez le coulis de tomates, la coriandre et le quatre-épices. Faites frémir 5 min. Pressez le citron et réservez son jus. Versez la crème liquide et le jus de citron. Goûtez pour vérifier l'assaisonnement.

3 Ciselez les herbes. Coupez le saumon en cubes de 1 cm environ. Portez le bouillon à ébullition, jetez les herbes et le saumon dedans, réchauffez 1 min et servez aussitôt.

à table ✚

- ■ *Ce bouillon très léger peut aussi se manger tiède ou froid, mais surtout pas glacé.*
- ■ *Recette découverte dans un restaurant Ouzbek à Moscou.*

Vin conseillé
Côtes du Rhône blanc
Menu
Bouillon ouzbek de saumon
Fricassée de poulet à la pistache
Tarte aux abricots et romarin

Assez facile ■ Assez cher ■ Pour 6 personnes ■ Préparation 45 min ■ Cuisson 30 min

Pour la crème aux fruits

- ■ **2 mangues - 2 grenades**
- ■ **3 jaunes d'œufs**
- ■ **25 cl de lait**
- ■ **40 g de farine**
- ■ **150 g de sucre en poudre**
- ■ **1 gousse de vanille**
- ■ **25 cl de crème liquide**

Pour les congolais

- ■ **120 g de noix de coco râpée**
- ■ **1 œuf - 1 citron vert**
- ■ **120 g de sucre**

32

1 Préparez la crème. Placez la crème liquide au réfrigérateur. Portez à ébullition le lait avec la gousse de vanille fendue en 2 et hors du feu, laissez infuser 15 min.

2 Mélangez les jaunes d'œufs, le sucre, la farine, versez le lait chaud, fouettez pour que la préparation soit bien homogène. Remettez la casserole sur le feu et laissez épaissir sur feu doux 2 à 3 min sans cesser de tourner avec une cuillère en bois.

3 Laissez refroidir. Fouettez la crème liquide jusqu'à ce qu'elle soit très ferme et incorporez-la délicatement dans la crème refroidie, mettez au frais.

4 Préparez les congolais. Préchauffez le four th. 4-5/130 °C. Prélevez 1 c. à soupe de zestes de citron vert. Fouettez l'œuf avec le sucre. Quand le mélange double de volume, incorporez la noix de coco râpée et le zeste de citron.

5 Beurrez la plaque du four et répartissez, en les espaçant, une vingtaine de petits tas de pâte. Faites cuire au four 10 à 15 min. Pour vérifier la cuisson, goûtez un congolais, il doit être à peine doré et encore moelleux à l'intérieur.

6 Au moment de servir, épluchez les mangues et coupez-les en tranches. Ouvrez les grenades et ôtez les pépins. Dans des coupes, répartissez fruits et crème légère. Servez avec les congolais.

à table ✚

- ■ *En fonction du marché, variez les fruits exotiques.*
- ■ *Selon votre goût, incorporez à la crème 1 à 2 c. à soupe de rhum blanc.*

Vin conseillé
Rosé de Provence
Menu
Spaghettis au citron
Filets de rascasse à la sicilienne
Crème légère aux fruits exotiques
et mini-congolais

VELOUTÉ DE PAMPLEMOUSSE

Facile ■ Assez cher ■ Pour 8 personnes ■ Préparation 10 min ■ Infusion 15 min

- **1 l de sorbet au pamplemousse**
- **30 cl de crème liquide**
- **5 g de safran en poudre**

1 Fouettez légèrement la crème bien froide.

2 Faites fondre 1 boule de sorbet. Hors du feu, ajoutez le safran en poudre, laissez infuser 15 min à température ambiante.

3 Mixez le reste du sorbet avec l'infusion de safran pendant quelques secondes jusqu'à ce que le mélange soit bien homogène. Ajoutez la crème. Mixez à nouveau quelques secondes. Versez dans les verres. Décorez éventuellement de pistils de safran.

à table +

Pour faire 1 l de sorbet au pamplemousse, mélangez 75 cl de jus de pamplemousse avec 250 g de sucre fondu dans 10 cl d'eau. Laissez prendre quelques heures au congélateur.

Vin conseillé
Champagne rosé
Menu
Tartare de saumon au gingembre
Magrets de canard aux mangues
et poivre vert
Velouté de pamplemousse

34

MOUSSEUX DE VANILLE À LA VIOLETTE

Facile ■ Bon marché ■ Pour 4 personnes ■ Préparation 5 min

- **1/2 litre de glace à la vanille**
- **1/2 litre de lait**
- **4 c. à soupe de violettes cristallisées de Toulouse**

1 Versez dans un bol mixeur le lait, la glace et 3 c. à soupe de violettes cristallisées de Toulouse.

2 Mixez suffisamment longtemps pour obtenir un mélange onctueux et mousseux.

3 Versez dans les verres et décorez de quelques violettes de Toulouse entières. Buvez aussitôt, avant que la mousse ne retombe.

Vin conseillé
Rosé d'Anjou
Menu
Rouleaux de printemps au homard
Lapin au fenouil et haricots coco
Mousseux de vanille à la violette

à table +

■ *Pour cette recette, utilisez de véritables violettes cristallisées (6 € environ les 100 g dans les épiceries fines) et non pas les bonbons en forme de fleur et simplement aromatisés à la violette.*

■ *Vous pouvez aussi remplacer les violettes par des fleurs de mimosa, d'acacia, des pétales de rose ou des feuilles de menthe qui existent aussi en version cristallisée.*

■ *Les Indiens sont amateurs de lassi, boisson aromatisée à base de lait fermenté. On peut adapter cette recette dans cet esprit. Achetez un lait fermenté (Yorik), diminuez dans ce cas-là la glace de moitié et ajoutez une cuillère à soupe d'eau de fleur d'oranger.*

Soupes d'été

Veloutés de légumes gorgés de soleil, soupe de crevettes à la thaï, gaspacho, salmorejo de Cordoue... Les soupes d'été mettent le cap au Sud et jouent la carte de l'exotisme. Rafraîchissantes et peu caloriques, elles peuvent se déguster glacées. Pour un dessert original et raffiné, pensez aux soupes sucrées aux fruits frais.

VELOUTÉ D'AUBERGINES AU CUMIN

Très facile ■ Bon marché ■ Pour 6 personnes ■ Préparation 15 min ■ Cuisson 30 min

- ■ **3 aubergines**
- ■ **20 cl de coulis de tomates**
- ■ **3 gousses d'ail**
- ■ **6 brins de coriandre**
- ■ **2 c. à café de cumin**
- ■ **1 c. à soupe d'huile d'olive**
- ■ **sel**
- ■ **poivre du moulin**

1 Lavez les aubergines. Épluchez les gousses d'ail et coupez chacune en 3. À l'aide d'un couteau, pratiquez 3 fentes dans chaque aubergine et enfoncez un morceau d'ail.

2 Faites cuire les aubergines à la vapeur 20 min, ou au four th. 7/210°C de 20 à 30 min. Vérifiez la cuisson en enfonçant la lame d'un couteau. Laissez tiédir.

3 Ouvrez les aubergines et recueillez toute la chair avec l'ail. Mixez la chair avec le coulis de tomates, 25 cl d'eau, le cumin, la coriandre et l'huile d'olive, salez, poivrez. Vérifiez l'assaisonnement, réchauffez et servez aussitôt.

à table ✚

Avec un blender, on obtient une texture veloutée parfaite, ce qui permet même de supprimer l'huile d'olive.

Vin conseillé
Rosé de Corse
Menu
Velouté d'aubergines au cumin
Filets de lotte au beurre de Montpellier
Poêlée d'abricots et glace à la lavande

GASPACHO, PURÉE D'AVOCAT ET PARMESAN

Facile ■ Assez cher ■ Pour 6 personnes ■ Préparation 5 min ■ Pas de cuisson

- ■ 1 l de gaspacho en brique
- ■ 1 gros avocat mûr
- ■ 1 c. à soupe de crème fraîche
- ■ 1/2 citron
- ■ 1 morceau de parmesan (50 g)
- ■ sel
- ■ poivre du moulin

1 Mixez la chair de l'avocat avec le jus de citron, la crème fraîche, salez, poivrez.

2 Versez le gaspacho frais dans des assiettes creuses ou des verres. Répartissez-y la purée d'avocat, et terminez par des lamelles de parmesan prélevées avec un éplucheur à légumes. Donnez un tour de moulin à poivre.

à table +

Vous pouvez relever la purée d'avocat avec une pincée de piment d'Espelette.

Vin conseillé
Bandol rosé
Menu
Gaspacho, purée d'avocat
et parmesan
Poulet en gelée à la marocaine
Tourte aux fruits rouges

Facile ■ Bon marché ■ Pour 4 personnes ■ Préparation 15 min ■ Cuisson 10 min

- 500 g de jeunes courgettes
- 1 c. à soupe de macaronis
- 1 botte d'oignons frais
- 1/2 botte de basilic
- 1 petit bouquet garni
- 3 gousses d'ail
- 3 tomates
- 50 g de parmesan frais
- 1/2 c. à café de gros sel
- poivre du moulin ou piment d'Espelette
- 60 cl de bouillon de légumes instantané
- 10 cl d'huile d'olive herbacée (type toscane)

1 Préparez le bouillon de légumes en ajoutant le bouquet garni et un peu de poivre ou de piment.

2 Cassez les macaronis en 2. Lavez les jeunes courgettes, découpez-les en rondelles. Lavez et hachez grossièrement les oignons frais.

3 Dans un mortier, écrasez au pilon les gousses d'ail avec le gros sel. Ajoutez le basilic (en réserver quelques feuilles) et le parmesan coupé en tranches à l'aide d'un économe. Réduisez le tout en pommade en ajoutant petit à petit l'huile d'olive. Réservez.

4 Lorsque le bouillon bout, ôtez le bouquet garni et versez les macaronis. Après 5 min de cuisson, ajoutez les oignons, les courgettes et les tomates. Prolongez l'ébullition 3 min, versez la préparation au basilic, rectifiez l'assaisonnement et laissez refroidir.

5 Placez le minestrone dans un endroit frais et servez-le avec quelques feuilles de basilic.

à table ✚

- *Les légumes doivent rester croquants. 3 min de cuisson suffisent, car ils continuent de cuire dans le bouillon chaud qui refroidit doucement.*
- *Les très jeunes courgettes, toutes petites, sont idéales pour ce minestrone parce qu'elles sont croquantes jusqu'au cœur.*
- *N'hésitez pas à préparer vous-même un bouillon de légumes. Le minestrone n'en sera que meilleur.*

Vin conseillé
Vin rouge, pinot noir d'Alsace

Menu
Minestrone glacé de jeunes courgettes aux oignons frais et au basilic
Saumon sauce moutarde à la menthe
Tarte aux poires

VELOUTÉ DE COURGETTES À LA MARJOLAINE

Très facile ∎ Bon marché ∎ Pour 4 personnes ∎ Préparation 10 min ∎ Cuisson 5 min

∎ **8 petites courgettes très fermes**
∎ **150 g de chèvre frais**
∎ **1 gousse d'ail**
∎ **6 brins de marjolaine fraîche**
∎ **1/2 c. à café de jus de citron
ou de vinaigre balsamique**
∎ **parmesan ou piment
d'Espelette**

à table +

∎ *À défaut de marjolaine,
vous pouvez utiliser
du basilic ou de l'estragon.*
∎ *Ce velouté peut être
réalisé avec du fenouil
ou des poireaux.*

Vin conseillé
Bordeaux rosé
Menu
Velouté de courgettes à la marjolaine
Daurade à la sauce huître
Macaron et mousse aux framboises

1 Lavez les courgettes, brossez-les et coupez-les en rondelles. Faites-les cuire à la vapeur 5 min avec la gousse d'ail épluchée et 3 brins de marjolaine. Vérifiez la cuisson en enfonçant la pointe d'un couteau, les courgettes doivent être cuites à point mais ne doivent surtout pas être molles.

2 Mixez le tout avec le chèvre, le restant de marjolaine et le jus de citron, jusqu'à ce que le mélange soit velouté. Goûtez pour vérifier l'assaisonnement.

3 Servez chaud, tiède ou froid. Au moment de servir, saupoudrez le velouté de piment d'Espelette ou de petits copeaux de parmesan prélevés à l'aide d'un couteau économe.

SOUPE DE CREVETTES À LA THAÏE

Assez facile ■ Assez cher ■ Pour 4 personnes ■ Préparation 20 min ■ Cuisson 5 min

■ **8 ou 12 crevettes roses décortiquées (selon leur grosseur)**
■ **8 champignons de Paris**
■ **60 cl de bouillon de volaille**
■ **10 cl de lait de coco (1/2 brique)**
■ **2 tiges de citronnelle fraîche**
■ **2 petits piments verts**
■ **2 échalotes**
■ **1 gousse d'ail**
■ **1 noix de gingembre frais**
■ **2 c. à soupe de nuoc mam**
■ **1 citron vert**
■ **8 brins de coriandre fraîche**

1 Épluchez et émincez les échalotes, hachez l'ail. Jetez les premières feuilles dures des tiges de citronnelle et émincez les feuilles tendres sur 5 cm. Épluchez et râpez le gingembre. Prélevez 1 c. à café de zeste de citron vert.

2 Mettez ces ingrédients dans une casserole avec le bouillon de volaille et portez à ébullition. Ajoutez les piments verts épépinés et émincés, les champignons nettoyés et coupés en 4 et le lait de coco. Mélangez, continuez la cuisson 2 min.

3 Ajoutez le nuoc mam, le jus du citron vert, la coriandre ciselée et les crevettes. Laissez cuire 1 min. Servez brûlant.

à table ✚

Vous pouvez remplacer les crevettes par des blancs de poulet.

Vin conseillé
Blanc d'Alsace gewurztraminer
Menu
Soupe de crevettes à la thaïe
Steak de thon au beurre de coco
Sorbet mangue et macarons à la rose

BISQUE DE LANGOUSTINES

Assez facile ■ Cher ■ Pour 4 personnes ■ Préparation 20 min ■ Cuisson 15 min

- ■ **40 têtes de langoustines**
- ■ **1 bouteille de Puligny-Montrachet**
- ■ **3 carottes**
- ■ **2 oignons**
- ■ **2 gousses d'ail**
- ■ **2 doses de safran**
- ■ **40 g de beurre**
- ■ **4 jaunes d'œufs**
- ■ **500 g de crème fraîche épaisse**
- ■ **thym**
- ■ **laurier**

1 Épluchez les carottes et les oignons, coupez-les en petits morceaux.

2 Faites fondre 40 g de beurre dans un faitout, faites blondir les légumes émincés. Ajoutez le thym, le laurier et les têtes de langoustines.

3 Quand les têtes de langoustines se colorent, versez le vin et ajoutez les doses de safran. Portez doucement à ébullition, puis baissez le feu et laissez mijoter à couvert 10 min.

4 Éteignez puis passez le tout au mixeur, filtrez au travers d'une passoire à grille fine. Remettez sur feu doux.

5 Dans un saladier, mélangez les jaunes d'œufs avec la crème, délayez avec 2 à 3 cuillerées de bisque chaude et reversez le tout dans la casserole. Réchauffez sans faire bouillir.

à table ✚

Vous pouvez remplacer le puligny par un chardonnay ou un blanc de Languedoc.

Vin conseillé
Bandol blanc
Menu
Bisque de langoustines
Rougets en papillote de basilic
Faisselle et pêches au muscat et caramel croquant

SOUPE DE MOULES AU LAIT DE COCO

Facile ■ Bon marché ■ Pour 6 personnes ■ Préparation 20 min ■ Cuisson 15 min

- ■ 1 kg de moules de bouchot
- ■ 1 noix de gingembre
- ■ 4 gousses d'ail
- ■ 1 oignon
- ■ 1 petite mangue pas trop mûre
- ■ 1 c. à café de pâte de piment
- ■ 20 feuilles de coriandre
- ■ 1 boîte de lait de coco
- ■ 3 c. à soupe de fumet de poisson
- ■ 1 c. à soupe d'huile
- ■ poivre

à table ✚

■ Vous pouvez utiliser d'autres variétés de moules pour réaliser cette recette : Espagne, etc.

■ Il faut absolument éviter de laisser bouillir le lait de coco car il se déliterait et ferait des grumeaux.

■ Pour ajouter une note colorée et plus épicée à votre soupe, relevez d'une pointe de curcuma ou de curry.

1 Faites revenir l'oignon haché dans 1 c. à soupe d'huile. Pelez le gingembre et émincez-le.

2 Faites chauffer doucement le lait de coco avec l'oignon, les gousses d'ail entières, le gingembre et le fumet de poisson dilué dans 40 cl d'eau. Poivrez.

3 Lavez et grattez les moules. Lorsque le lait de coco frémit, ajoutez le piment et les moules. Laissez mijoter toujours à feu doux 5 à 6 min. Ajoutez en fin de cuisson les feuilles de coriandre et la mangue coupée en dés.

Vin conseillé
Rosé du Languedoc

Menu
Soupe de moules au lait de coco
Magrets de canard aux épices
et légumes asiatiques
Crumble melon abricot

CRÈME DE POIVRONS AUX MOULES

Facile ■ Bon marché ■ Pour 6 personnes ■ Préparation 15 min ■ Cuisson 35 min

- ■ **1 kg de moules**
- ■ **2 poivrons rouges**
- ■ **3/4 l de vin blanc sec**
- ■ **50 g de gingembre frais**
- ■ **1,2 l de crème liquide**
- ■ **30 g de beurre**
- ■ **2 pincées de safran**
- ■ **30 g d'échalotes**

1 Pelez les échalotes et hachez-les. Grattez les moules, rincez-les et égouttez-les.

2 Mettez les échalotes dans un faitout et ajoutez le vin blanc et les moules. Portez à ébullition et laissez cuire jusqu'à ce que les moules s'ouvrent. Égouttez-les et décoquillez-les, gardez-en quelques-unes pour la décoration du plat. Réservez le jus des moules.

3 Rincez les poivrons et coupez-les en petits morceaux. Pelez le gingembre et hachez-le.

4 Faites fondre le beurre dans une cocotte et faites-y blondir les poivrons. Ajoutez la crème, le gingembre et le safran. Laissez cuire jusqu'à ce que les poivrons soient juste tendres, 15 min environ.

5 Ensuite, mixez la préparation. Ajoutez le jus des moules et laissez mijoter encore 15 min environ, jusqu'à obtention d'une crème veloutée.

6 Filtrez la crème dans une passoire à grille fine. Répartissez les moules dans 6 assiettes creuses et nappez-les de crème de poivrons bouillante. Garnissez de quelques moules en coquille et servez sans attendre.

à table ✚

- ■ *Ajoutez au besoin un peu d'eau si le velouté a trop réduit pendant la cuisson.*
- ■ *D'après une recette de Jean-André Charial, de l'Oustau de Baumanière, qui la réalise avec des coques.*

Vin conseillé
Collioure rouge
Menu
Crème de poivrons aux moules
Compote de lapin au romarin
Clafoutis aux cerises

CRÈME DE POIVRONS JAUNES AU PIMENT D'ESPELETTE

Facile ■ Bon marché ■ Pour 4 personnes ■ Préparation 20 min ■ Cuisson 35 min

■ **3 poivrons jaunes**
■ **1 pomme de terre moyenne bintje**
■ **1 gros oignon**
■ **2 gousses d'ail**
■ **125 g de mascarpone**
■ **1/2 c. à café de gingembre en poudre**
■ **1 c. à soupe de piment d'Espelette**
■ **3 c. à soupe d'huile d'olive**
■ **4 brins de thym**
■ **1 feuille de laurier**

1 Épluchez et émincez l'ail et l'oignon et faites-les revenir à feu doux dans la moitié de l'huile d'olive avec le laurier et le thym pendant 10 min.

2 Pendant ce temps, lavez les poivrons, coupez-les en 2, ôtez les pépins, puis découpez-les en morceaux. Versez dans la casserole avec l'ail et l'oignon, continuez la cuisson 15 min en remuant souvent.

3 Versez 75 cl d'eau chaude, salez et ajoutez la pomme de terre épluchée et coupée en morceaux, le gingembre et laissez cuire 20 min à feu doux.

4 Ôtez le thym et le laurier et mixez la soupe avec le mascarpone et le restant de l'huile d'olive.

5 Goûtez pour vérifier l'assaisonnement, réchauffez et juste avant de servir parsemez de piment d'Espelette.

à table ✚

■ *Si vous avez le temps, passez la crème à travers une passoire fine pour ôter les peaux éventuelles des poivrons.*
■ *À défaut de piment d'Espelette, parsemez de ciboulette et de basilic ciselés.*

Vin conseillé
Côtes du Ventoux rosé
Menu
Crème de poivrons jaunes au piment d'Espelette
Fusillis à la carbonara de courgettes
Tarte tatin à la tomate verte

SALMOREJO DE CORDOUE

Facile ■ Bon marché ■ Pour 6 personnes ■ Préparation 20 min ■ Pas de cuisson

■ 1 kg de tomates bien mûres
■ 150 g de pain de campagne rassis
■ 1 petit concombre épluché ou la moitié d'un grand
■ 2 gousses d'ail
■ 1 oignon moyen
■ 1 petit poivron vert épépiné
■ 25 cl d'huile d'olive
■ 1 c. à café de vinaigre
■ sel

1 Coupez les tomates en morceaux, mettez-les dans un saladier avec le pain émietté et tous les légumes coupés en morceaux, l'huile d'olive, l'ail, une pincée de sel, et 1 c. à café de vinaigre. Laissez reposer au frais pendant 10 min.

2 Mixez et ajoutez de l'eau jusqu'à ce que vous obteniez 1 l de potage onctueux, puis passez dans un presse-purée pour éliminer les peaux des tomates et du poivron.

3 Au moment de servir, vous pouvez ajouter du jambon coupé en lamelles ou des œufs durs hachés. Dans la région de Malaga, on sert également ce potage avec des miettes de thon en boîte.

à table ✚

■ Ce plat, qui se sert très frais, se conserve 2 ou 3 jours au réfrigérateur.
■ Vous pouvez, bien sûr, employer du vinaigre de Xérès. Certains Espagnols apprécient ce plat très vinaigré.
■ Si vous aimez cette soupe plus liquide, proche du gaspacho, rajoutez 25 cl d'eau.

Vin conseillé
Rosé, côtes du Roussillon
Menu
Salmorejo de Cordoue
Gigot d'agneau et confit de ratatouille
Gelée de melon aux fraises des bois

VELOUTÉ DE FRAISES À LA VANILLE

Facile ■ Bon marché ■ Pour 6 personnes ■ Préparation 15 min ■ Cuisson 15 min

- ■ **500 g de fraises**
- ■ **3 crèmes de yaourt Danone**
- ■ **15 cl de vin rouge fruité**
- ■ **15 cl d'eau**
- ■ **25 g de sucre en poudre**
- ■ **1 gousse de vanille**

à table ✚

Pour un goût encore plus délicat, remplacez le sucre par 1 c. à soupe de miel de lavande.

Vin conseillé
Rosé d'Anjou
Menu
Salade de trois melons à la féta
Lotte retour des îles
Velouté de fraises à la vanille

1 Passez très rapidement les fraises sous l'eau froide et équeutez-les. Versez dans une casserole le vin, l'eau, le sucre et la gousse de vanille fendue en deux. Laissez infuser pendant 10 min et pochez les fraises pendant 5 min. Laissez refroidir.

2 Ôtez la gousse de vanille, versez les fraises et le sirop dans le bol d'un mixeur, ajoutez les crèmes de yaourt et donnez plus ou moins d'impulsions selon que vous souhaitez qu'il reste des morceaux ou non.

3 Versez le velouté de fraises dans un grand saladier et laissez-le refroidir au réfrigérateur pour le servir très très frais.

SOUPE DE FRAISES À LA VERVEINE - CITRONNELLE

Facile ■ Bon marché ■ Pour 6 personnes ■ Préparation 15 min ■ Pas de cuisson

■ **1 kg de fraises gariguette ou mara des bois**
■ **20 feuilles de verveine-citronnelle**
■ **2 c. à soupe de miel liquide**
■ **1 citron non traité**
■ **1 gousse de vanille**

1 Préparez le jus. Dans une casserole, faites bouillir les feuilles de verveine-citronnelle dans 30 cl d'eau avec la gousse de vanille fendue dans sa longueur, le miel, le zeste et le jus du citron.

2 Préparez les fraises. Passez les fraises rapidement sous l'eau, épongez-les, équeutez-les, puis coupez-les en quartiers. Mettez-les dans un saladier et arrosez-les de jus.

3 Couvrez-les et conservez-les au réfrigérateur jusqu'au moment de servir.

à table +

■ *Si vous ne trouvez pas de verveine-citronnelle, utilisez de la verveine sèche pour les tisanes.*
■ *Il est préférable de préparer ce dessert la veille.*

Vin conseillé
Corse Patrimonio rosé
Menu
Viking de Saint-Pierre
Salade de boulgour et rosé au cumin
Soupe de fraises à la verveine-citronnelle

Facile ■ Assez cher ■ Pour 4 personnes ■ Préparation 15 min ■ Cuisson 15 min

■ **1/4 l de glace à la pistache**

Pour le coulis

■ **500 g de framboises**

■ **100 g de sucre**

■ **1 bâton de citronnelle**

Pour la crème

■ **100 g de mascarpone**

■ **15 cl de crème liquide**

■ **80 g de sucre**

■ **2 gousses de vanille**

1 Préparez le coulis. Portez à ébullition 10 cl d'eau avec le sucre et le bâton de citronnelle. Laissez frémir 10 min et laissez refroidir. Ôtez la citronnelle et mixez les framboises avec le sirop. Si vous n'aimez pas les pépins, passez le coulis au travers d'une passoire fine.

2 Préparez la crème. Fendez en 2 les gousses de vanille et grattez l'intérieur pour récupérer les petites graines. Mélangez-les avec le mascarpone, la crème liquide et le sucre. Fouettez le tout jusqu'à ce que vous obteniez une crème onctueuse, légère et coulante.

3 Répartissez le coulis de framboises dans 4 verres, ajoutez 2 boules de glace à la pistache et recouvrez de crème. Servez aussitôt.

à table +

Variez les plaisirs : remplacez la glace à la pistache par une glace à la noix de coco et le coulis de framboises par un coulis de mangues.

Vin conseillé

Champagne rosé

Menu

Langoustines à la crème de cerfeuil
Pigeons à l'égyptienne
Cappuccino de framboises
à la pistache

VELOUTÉ COCO-ABRICOTS

Très facile ■ Bon marché ■ Pour 6 personnes ■ Préparation 5 min ■ Pas de cuisson

■ **6 pots Perle de lait à la noix de coco**
■ **1/2 boîte d'oreillons d'abricots au sirop**
■ **5 blancs d'œufs**
■ **50 g de sucre glace**
■ **1 citron vert**
■ **1 c. à café de cardamome en poudre**
■ **1 barquette de framboises**

1 Mixez les abricots avec leur jus pour obtenir un coulis épais. Fouettez les Perles de lait pour les rendre plus liquides.

2 Fouettez les blancs en neige. Quand ils sont montés, versez la cardamome, le sucre et le zeste de citron vert et continuez à fouetter 2 min.

3 Versez la crème coco dans des coupes. Au centre, disposez 1 c. de blancs. Entourez d'un ruban de coulis d'abricots, ajoutez quelques framboises.

à table ✚

Si vous n'aimez pas le coco, remplacez par des Perles de lait vanille ou des yaourts La Laitière au citron.

Vin conseillé
Un vin rouge, Côtes de Provence
Menu
Taboulé vert
Carpaccio de bœuf au raifort
Velouté coco-abricot

Soupes d'automne

Profitez des derniers légumes de l'été, encore abondants à l'étal des marchés.
Sans oublier les trésors de la forêt, châtaignes et champignons, qui composent des soupes
riches et parfumées, idéales pour affronter les premiers froids.

VELOUTÉ DE CHAMPIGNONS DES BOIS

Facile ■ Assez cher ■ Pour 4 personnes ■ Préparation 20 min ■ Cuisson 30 min

- ■ 1 kg de champignons des bois (cèpes, girolles, trompettes de la mort...)
- ■ 2 échalotes
- ■ 50 g de beurre
- ■ 25 cl de crème fraîche
- ■ 1 c. à soupe de Xérès
- ■ 1 feuille de laurier

1 Ôtez les queues et nettoyez les champignons. Dans une casserole, faites fondre les échalotes hachées dans du beurre, sur feu doux, 2 à 3 min.

2 Ajoutez les champignons et la feuille de laurier, couvrez et laissez cuire 10 min. Ajoutez 75 cl d'eau chaude et du sel. Continuez la cuisson 10 min.

3 Pendant ce temps, fouettez la moitié de la crème. Ôtez le laurier et mixez les champignons avec le Xérès et la crème fraîche non fouettée. Réchauffez et goûtez pour vérifier l'assaisonnement.

4 Au moment de servir, mélangez dans la soupière bien chaude le velouté et la crème fouettée.

à table ✚

■ *Michel Guérard sert en accompagnement d'un délicieux velouté de cèpes, des tartines de pain de campagne grillées recouvertes de foie gras de canard mi-cuit.*
■ *Vous pouvez remplacer le laurier par 2 pincées de noix de muscade.*

Vin conseillé
Bordeaux rouge Saint-Emilion
Menu
Velouté de champignons des bois
Canette aux navets et potimarron
Tarte aux poires

VELOUTÉ DE CHOU-FLEUR AU JAMBON DE BAYONNE

Très facile ■ Bon marché ■ Pour 6 personnes ■ Préparation 15 min ■ Cuisson 20 min

- ■ 1 gros chou-fleur
- ■ 100 g de fromage de chèvre frais (Chavroux)
- ■ 3 c. à soupe de crème fraîche
- ■ 2 c. à café rases de curry
- ■ 2 fines tranches de jambon de Bayonne
- ■ 1 feuille de laurier
- ■ 2 c. à soupe d'huile d'olive

1 Lavez le chou-fleur, détaillez-le en bouquets et faites-les cuire à la vapeur avec la feuille de laurier pendant 15 à 20 min, jusqu'à ce que les bouquets soient tendres.

2 Découpez le jambon en fines lamelles et faites-les dorer et croustiller dans une poêle à revêtement antiadhésif.

3 Ôtez le laurier et mixez le chou-fleur avec le fromage de chèvre, le curry et l'huile d'olive. Ajouter 75 cl d'eau chaude et la crème fraîche.

4 Goûtez pour vérifier l'assaisonnement et réchauffez. Servez le velouté parsemé de lamelles de jambon.

à table +

- ■ *Pour la couleur, ajoutez un peu de ciboulette ou de coriandre ciselée.*
- ■ *Le fromage de chèvre, qui donne un accent acidulé, s'accorde avec le chou-fleur.*

Vin conseillé
Beaujolais village
Menu
Velouté de chou-fleur au jambon de bayonne
Blancs de volaille sautés aux amandes
Flan de banane à la cardamome

72

SOUPE DE CRESSON

Assez facile ■ Bon marché ■ Pour 4 personnes ■ Préparation 15 min ■ Cuisson 45 min

■ **300 g de pommes de terre**
■ **2 bottes de cresson**
■ **9 c. à soupe de crème fraîche**
■ **3 c. à soupe d'huile d'olive**

1 Équeutez et lavez le cresson, mettez de côté une quarantaine de feuilles. Épluchez et lavez les pommes de terre, coupez-les en gros dés.

2 Dans une grande casserole, faites fondre dans l'huile d'olive le cresson, ajoutez les pommes de terre, faites mijoter le tout à couvert pendant 10 min, puis versez 1,5 l d'eau. Salez, poivrez. Faites cuire 35 min.

3 Laissez reposer 5 min puis mixez en incorporant 4 c. à soupe de crème fraîche. Rectifiez l'assaisonnement. Mixez 4 c. à soupe de crème fraîche et les feuilles de cresson réservées au début de la recette. Salez, poivrez. Au moment de servir, posez délicatement 1 c. à soupe de crème au centre de chaque assiette de soupe de cresson.

à table ✚

Si vous trouvez le potage trop épais, ajoutez un peu d'eau et portez à nouveau à ébullition pendant 5 min.

Vin conseillé
Vin de Loire, Chinon rouge
Menu
Soupe de cresson
Blanquette de veau
Tarte aux pommes à la cannelle

VELOUTÉ DE FENOUIL AUX MOULES ET CRESSON

Très facile ■ Bon marché ■ Pour 6 personnes ■ Préparation 10 min ■ Cuisson 30 min

- ■ 3 bulbes de fenouil
- ■ 1 kg de moules de bouchot
- ■ 1 poignée de cresson
- ■ 1 citron
- ■ 2 échalotes
- ■ 1 c. à soupe de crème fraîche

à table +

La crème fraîche n'est pas indispensable, vous pouvez la supprimer si vous surveillez votre ligne.

Vin conseillé
Côtes du Rhône rouge
Menu
Velouté de fenouil aux moules et cresson
Pintade braisée au chou
Tarte aux poires à la gelée d'earl grey

1 Lavez les bulbes de fenouil, ôtez les premières feuilles, coupez-les en morceaux et mettez-les dans une casserole avec les échalotes épluchées et émincées. Recouvrez avec 1 l d'eau, salez et faites cuire 30 min.

2 Pendant ce temps, lavez les moules et faites-les ouvrir sur feu vif dans une casserole. Ôtez-les de leur coquille, filtrez le jus de cuisson. Mixez le fenouil avec son eau de cuisson, le jus des moules, le cresson lavé, le jus de citron et la crème fraîche.

3 Réchauffez et vérifiez l'assaisonnement. Ajoutez les moules et servez aussitôt.

CRÈME GLACÉE DE HARICOTS COCO ET BRANDADE

Assez facile ■ Bon marché ■ Pour 4 personnes ■ Préparation 20 min ■ Cuisson 1 h

Pour la crème de coco
- **750 g de haricots coco**
- **1 carotte**
- **1 oignon**
- **2 gousses d'ail**
- **100 g de jambon de pays taillé en gros morceaux**
- **1 bouquet garni**
- **2 branches de romarin**
- **2 l de bouillon de volaille tout prêt**
- **1/4 l de crème liquide**
- **5 cl de vinaigre de Xérès**
- **20 g de graisse de canard**

Pour la brandade
- **4 pimientos del Piquillo (poivrons doux en boîte)**
- **200 g de morue dessalée**
- **5 cl d'huile d'olive**
- **1 l de lait**
- **1 branche de persil**

1 Préparez la crème de coco. Épluchez et coupez en morceaux carotte, oignon et ail. Dans 1 cocotte, faites revenir ces légumes avec le jambon coupé en morceaux.

2 Quand l'ensemble est coloré, recouvrez de bouillon de volaille et ajoutez les haricots (écossés s'ils sont frais). Ajoutez le bouquet garni et le romarin. Faites cuire 3/4 d'heure.

3 Mettez 1/4 des haricots de côté. Mixez le reste avec la crème et le vinaigre de Xérès. Réservez au froid.

4 Préparez la brandade. Portez le lait à frémissement, plongez-y la morue. Faites-la cuire 10 min à peine. Quelques minutes avant de servir, réchauffez les haricots mis de côté, puis écrasez-les grossièrement avec une fourchette. Mélangez délicatement avec la morue et les poivrons taillés en lanières.

5 Retirez la crème de coco du froid. Remplissez chaque assiette creuse et déposez au centre 1 c. à soupe de brandade. Décorez d'1 feuille de persil et d'un trait d'huile d'olive.

à table +

Ne salez les cocos qu'en fin de cuisson, sinon les haricots deviennent durs.

Vin conseillé
Bordeaux rouge médoc
Menu
Crème glacée de haricots coco et brandade
Pintade aux girolles
Gratin de pommes aux noisettes

CRÈME DE MAÏS

Facile ■ Bon marché ■ Pour 6 personnes ■ Préparation 30 min ■ Cuisson 23 min

- ■ **6 épis de maïs frais**
- ■ **1 gousse d'ail**
- ■ **3 échalotes**
- ■ **50 g de beurre**
- ■ **1 c. à soupe de crème épaisse**
- ■ **1/2 l de bouillon de volaille**
- ■ **2 jaunes d'œufs**
- ■ **1 feuille de laurier**

1 Faites cuire les épis de maïs dans une grande casserole d'eau légèrement salée, avec la feuille de laurier pendant 10 min. Vérifiez la cuisson en goûtant un grain de maïs. Égouttez, puis égrainez le maïs. Conservez l'eau de cuisson.

2 Faites revenir dans le beurre les échalotes et l'ail épluchés et émincés, pendant 3 min. Ajoutez le maïs. Mélangez le tout sur feu doux pendant 5 min. Versez le bouillon de volaille chaud et 1/2 l d'eau de cuisson du maïs. Laissez frémir 5 min.

3 Mixez le tout. Passez au travers d'une passoire fine pour enlever le reste des peaux. Battez les jaunes d'œufs avec la crème fraîche, du sel, du poivre. Mélangez avec la préparation et réchauffez sans laisser bouillir. Servez tiède.

à table ✚

Hors saison, et pour gagner du temps, vous pouvez utiliser un sachet de 450 g de maïs doux en grains surgelé (Picard).

Vin conseillé

Vin de Loire rouge Bourgueil

Menu

Crème de maïs

Porc aux oranges et riz à la banane

Chaud-froid de poires au citron vert

SOUPE SAFRANÉE AUX MOULES

Très facile ■ Bon marché ■ Pour 4 personnes ■ Préparation 30 min ■ Cuisson 30 min

- ■ **4 plaques de ravioles du Dauphiné**
- ■ **1 kg de moules**
- ■ **2 poireaux**
- ■ **1 carotte**
- ■ **1 tige de céleri**
- ■ **1 courgette**
- ■ **2 c. à soupe de coulis de tomates**
- ■ **1 dose de safran**
- ■ **1 gousse d'ail**
- ■ **2 c. à soupe d'huile d'olive**
- ■ **2 c. à soupe de crème fraîche**
- ■ **5 brins de persil plat**

1 Épluchez, lavez la carotte, le céleri et les poireaux.

2 Dans une grande casserole, faites fondre à feu doux, avec l'huile d'olive, les poireaux émincés et l'ail haché pendant 5 min. Ajoutez la carotte et la courgette coupées en petits cubes et le céleri finement émincé. Laissez cuire 3 min, en remuant, sur feu doux. Ajoutez le safran, le coulis de tomates et 75 cl d'eau, salez, couvrez et laissez frémir 15 min.

3 Pendant ce temps, lavez, brossez les moules et mettez-les dans une casserole sur feu vif en secouant de temps en temps, jusqu'à ce que les moules s'ouvrent. Ôtez du feu.

4 Filtrez le jus de cuisson et mettez-le dans la soupe. Séparez les moules de leur coquille, réservez-les.

5 Réchauffez la soupe en ajoutant la crème fraîche. Goûtez pour vérifier l'assaisonnement. Quand la soupe bout, ajoutez les ravioles et mélangez pendant 1 min pour qu'elles se détachent. Versez enfin les moules et le persil ciselé, servez aussitôt.

à table ✚

En même temps que les légumes, vous pouvez ajouter 1 c. à café de gingembre frais râpé.

Vin conseillé
Vin blanc Picpoul de Pinet
Menu
Soupe safranée aux moules
Maquereaux aux amandes
Tarte au citon meringuée

Facile ■ Bon marché ■ Pour 6 personnes ■ Préparation 30 min ■ Cuisson 40 min ■ Temps de repos 4 h

■ **3 pommes granny-smith**
■ **1 boule de céleri-rave
de taille moyenne**
■ **Le jus d'1/2 citron**
■ **1 gros oignon**
■ **1 bouquet de ciboulette**
■ **40 g de beurre**
■ **2 cubes de bouillon
de volaille dégraissé**
■ **1 pointe de muscade
fraîchement râpée**

1 Épluchez et hachez l'oignon. Épluchez et coupez en gros cubes les pommes et le céleri.

2 Dans la cocotte, faites fondre doucement le beurre et revenir l'oignon jusqu'à ce qu'il devienne transparent (il ne doit pas dorer). Ajoutez alors la muscade, les pommes et le céleri et prolongez la cuisson 5 min en remuant de temps en temps.

3 Pendant ce temps, portez à ébullition 1,5 litre d'eau avec les cubes de bouillon de volaille et versez sur la préparation précédente. Salez, poivrez et laissez cuire 30 min à demi-couvert sur feu doux.

4 Laissez refroidir. Ajoutez le jus de citron puis mixez pour obtenir un velouté bien lisse. Couvrez d'un film alimentaire et placez 4 h au réfrigérateur.

5 Au moment de servir, rectifiez l'assaisonnement et ajoutez la ciboulette ciselée.

à table ✚

■ *Pour une version plus raffinée, disposez dans chaque assiette quelques fines lamelles de pommes arrosées de jus de citron pour les empêcher de noircir.*
■ *Ce velouté rafraîchissant est pauvre en calories.*

Vin conseillé
Côtes du Rhône rouge
Menu
Soupe fraîche pommes-céleri
Daube à la vanille
Glace aux calissons et croquants
de pain d'épices

VELOUTÉ POMMES-CHÂTAIGNES

Très facile ■ Bon marché ■ Pour 6 personnes ■ Préparation 10 min ■ Cuisson 45 min

86

- ■ **500 g de châtaignes décortiquées**
- ■ **2 pommes de reinette**
- ■ **1 c. à soupe de fond de volaille**
- ■ **75 cl d'eau**
- ■ **1 branche de céleri**
- ■ **2 c. à soupe de crème fraîche**
- ■ **muscade**
- ■ **sel**
- ■ **poivre du moulin**

1 Épluchez les pommes, coupez-les en morceaux et faites-les cuire avec les châtaignes, le fond de volaille, le céleri et l'eau pendant 40 min.

2 Mixez et ajoutez au besoin un peu d'eau pour obtenir 1,25 l de velouté.

3 Portez à nouveau à ébullition, ajoutez la crème fraîche, une pointe de muscade, goûtez pour vérifier l'assaisonnement. Salez, poivrez à votre convenance.

à table +

■ *Vous pouvez remplacer la crème par 1 c. à soupe d'huile de noix.*

■ *Vous pouvez également, juste avant de le servir, parsemer le velouté de chips de céleri-rave : il suffit de prélever sur un bulbe, à l'aide d'un économe, de fines tranches de céleri et de les faire frire dans de l'huile neutre.*

Vin conseillé
Côtes de Provence rouge

Menu
Velouté pommes-châtaignes
Aïoli de colin aux légumes d'automne
Moelleux au chocolat

Assez facile ■ Assez cher ■ Pour 6 personnes ■ Préparation 30 min ■ Cuisson 50 min ■ Temps de dégorgement 30 min

- 2 aubergines
- 1 boîte 4/4 + 1 petite boîte de pulpe de tomates
- 50 cl de lait de coco
- 2 yaourts grecs
- 3 gousses d'ail
- 2 oignons
- 1 citron
- 1 grosse noix de gingembre frais
- 1 c. à soupe de garam massala
- 1 c. à soupe de sucre en poudre
- 1 c. à café de piment de Cayenne
- 1/2 botte de coriandre ciselée
- 30 g de beurre
- 2 c. à soupe d'huile

1 Lavez les aubergines, coupez-les en cubes et saupoudrez-les de sel, faites dégorger 30 min. Rincez-les et essuyez-les avec du papier absorbant.

2 Dans une grande casserole, faites revenir dans l'huile, à feu assez vif, les cubes d'aubergine, les oignons et l'ail hachés. Baissez le feu, saupoudrez avec le garam massala, ajoutez le beurre et le gingembre épluché et râpé. Faites revenir 2 min, ajoutez la pulpe de tomates et son jus. Salez, poivrez, versez 1 l d'eau ou mieux, de bouillon de légumes. Laissez cuire 45 min à feu doux.

3 Ajoutez le lait de coco, le sucre, le piment de Cayenne et le jus de citron. Mélangez, goûtez pour vérifier l'assaisonnement et laissez frémir 5 min.

4 Servez cette soupe parsemée de coriandre ciselée, avec le yaourt à part. Déposez une cuillère de yaourt bien froid au centre de chaque assiette.

à table +

- *En saison, utilisez des tomates bien mûres.*
- *Le garam massala est un mélange d'épices que l'on trouve au rayon des produits indiens. Vous pouvez le remplacer par du curry en poudre.*

Vin conseillé
Bandol rouge
Menu
Soupe indienne
Gigot au citron et à la coriandre
Glace au chocolat et au lait d'amandes

VELOUTÉ D'AMANDES AUX RAISINS

Assez facile ■ Bon marché ■ Pour 4 personnes ■ Préparation 20 min ■ Pas de cuisson

- ■ 200 g d'amandes en poudre
- ■ 200 g de mie de pain
- ■ 1 gousse d'ail
- ■ 3/4 l d'eau
- ■ 2 c. à soupe d'huile d'olive
- ■ 1 c. à soupe de vinaigre de Xérès
- ■ 1 petite grappe de raisin rose

1 Passez au mixeur les amandes, la mie de pain, l'ail et l'eau puis réservez au réfrigérateur.

2 Pelez et épépinez les grains de raisin à l'aide d'un petit couteau.

3 Au moment de servir, assaisonnez la soupe avec 2 c. à soupe d'huile et 1 c. à soupe de vinaigre, salez, poivrez. Servez avec les grains de raisin.

à table ✚

- ■ Si vous avez des amandes entières, plongez-les 1 min dans de l'eau bouillante pour ôter la peau. Faites-les sécher quelques minutes dans une poêle avant de les mixer, c'est encore meilleur.
- ■ Ce velouté est un plat traditionnel de la cuisine espagnole.

Vin conseillé
Saumur-Champigny

Menu
Salade de haddock au persil plat
Curry de porc à l'ananas
Velouté d'amandes aux raisins

CRÈME D'ANANAS FRAIS RÔTI À LA VANILLE

Facile ■ Bon marché ■ Pour 6 personnes ■ Préparation 15 min ■ Marinade et repos 5 h+5 h ■ Cuisson 15 min

- ■ 1 gros ananas bien mûr
- ■ 2 gousses de vanille
- ■ 1 c. à café de cannelle
- ■ 1 petit verre de rhum
- ■ 1 c. à soupe de beurre
- ■ 2 c. à soupe de crème épaisse
- ■ 2 c. à soupe de sucre

1 Épluchez l'ananas, retirez le cœur et coupez-le en tranches fines. Dans un saladier, préparez la marinade avec la cannelle, la vanille coupée en 2 dans la longueur et grattée, le sucre et le vieux rhum.

2 Laissez macérer l'ananas quelques heures. Égouttez l'ananas et faites-le dorer dans une poêle chaude avec le beurre.

3 Terminez la cuisson en ajoutant la marinade (sans la vanille), et laissez caraméliser 10 min. Passez ensuite le tout au mixeur.

4 Ajoutez la crème fraîche et laissez refroidir. Gardez au réfrigérateur 4 à 5 h.

92

à table ✚

Vous pouvez aussi faire prendre cette crème en glace en la plaçant quelques heures au congélateur.

Vin conseillé
Blanc d'Alsace gewurztraminer
Menu
Féroce d'avocat au crabe
Curry de poulet madras
Crème d'ananas frais rôti à la vanille

Soupes d'hiver

Rien de telle qu'une assiette de soupe fumante pour se réchauffer lors des longues soirées d'hiver. C'est le plat convivial par excellence. Légumes secs, betterave, potiron, tout est bon pour préparer potages et veloutés aux vertus énergétiques incomparables.

GASPACHO PIMENTÉ DE BETTERAVES

Facile ■ Bon marché ■ Pour 4 personnes ■ Préparation 20 min ■ Pas de cuisson ■ Temps de repos au frais 2 h

- ■ **300 g de betteraves rouges cuites**
- ■ **1 tomate moyenne (150 g)**
- ■ **1/2 concombre**
- ■ **1 belle gousse d'ail**
- ■ **1 gros oignon blanc**
- ■ **10 petits cornichons croquants**
- ■ **1 c. à café de graines de fenouil**
- ■ **2 c. à café de crème de raifort**
- ■ **2 c. à soupe de vinaigre de Xérès**
- ■ **2 c. à soupe d'huile d'olive vierge**
- ■ **2 pincées de piment d'Espelette**

1 Épluchez les betteraves, coupez-les en dés. Pelez et épépinez la tomate, coupez-la en morceaux. Versez le tout dans le bol du mixeur. Ajoutez l'ail et l'oignon émincés, les graines de fenouil, le raifort, le vinaigre de Xérès, le piment d'Espelette, 1/2 litre d'eau et l'huile d'olive

2 Émulsionnez bien le tout. Vérifiez l'assaisonnement, puis passez au travers d'une passoire fine. Réservez au frais. Épluchez le concombre, coupez-le en petits dés de 1 cm de côté. Coupez les cornichons en petits dés de la même taille que le concombre.

3 Mettez les dés de concombre et de cornichon au fond de chaque assiette creuse en les répartissant équitablement, versez le gaspacho pimenté dans les assiettes. Dégustez très très frais.

à table ✚

Recette de Roland Durand, chef du restaurant Le Passiflore.

Vin conseillé
Vin rouge Cahors
Menu
Gaspacho pimenté de betteraves
Daube
Crème légère châtaigne-chocolat

VELOUTÉ DE CÉLERI AU BLEU

Facile ■ Bon marché ■ Pour 6 personnes ■ Préparation 10 min ■ Cuisson 30 min

■ **1,2 kg de céleri-boule**
■ **2 échalotes**
■ **2 pommes de terre violettes vitelottes**
■ **150 g de bleu de Bresse**
■ **20 cl de crème fleurette**
■ **2 c. à soupe de vinaigre**

1 Préparez les chips. Épluchez les pommes de terre et coupez-les en tranches fines. Plongez-les 1 min dans une petite casserole d'eau bouillante additionnée de 2 c. à soupe de vinaigre. Égouttez. Disposez les tranches sur une assiette et faites dessécher au micro-ondes 2 min environ.

2 Préparez le velouté. Épluchez le céleri et coupez-le en morceaux de taille régulière. Faites-le cuire 20 à 30 min dans une casserole, recouvert d'eau salée, avec les échalotes émincées. Vérifiez la cuisson en enfonçant la lame d'un couteau.

3 Mixez le tout avec le fromage et la crème liquide. Ajoutez de l'eau pour obtenir 1,2 l de velouté. Goûtez pour vérifier l'assaisonnement. Réchauffez. Disposez les chips de vitelotte sur le velouté juste avant de servir.

à table ✚

■ *Pour aller plus vite, vous pouvez utiliser une purée de céleri surgelée (1 sachet de 1 kg).*
■ *La vitelotte est une variété de pomme de terre à chair violette. Si vous manquez de temps, remplacez-les par des chips classiques, ou des tortillas.*

Vin conseillé
Corbières rouge
Menu
Velouté de céleri au bleu
Hachis parmentier
Tarte tatin

SOUPE DE COURGE À L'ÉPEAUTRE

Facile ■ Bon marché ■ Pour 6 personnes ■ Préparation 20 min ■ Cuisson 50 min

- ■ **2 kg de courge**
- ■ **1 oignon**
- ■ **1 feuille de laurier**
- ■ **2 brins de thym**
- ■ **1 brin de romarin**
- ■ **3 brins de persil**
- ■ **100 g d'épeautre**
- ■ **2 c. à soupe d'huile d'olive**
- ■ **sel**

1 Épluchez la courge, ôtez les pépins et coupez la chair en morceaux.

2 Mettez les morceaux dans une grande casserole et recouvrez d'eau froide. Ajoutez l'oignon épluché, les herbes liées ensemble, salez, et faites cuire 45 min à feu doux.

3 Pendant ce temps, dans une autre casserole, faites cuire l'épeautre 45 min, recouverte d'eau froide salée.

4 Quand la courge est cuite, ôtez le bouquet garni et mixez la soupe, goûtez pour vérifier l'assaisonnement, poivrez et réchauffez en ajoutant l'épeautre égoutté et l'huile d'olive.

à table +

■ *En Provence, la courge est une courgette que l'on laisse grossir jusqu'à l'hiver. Elle prend alors la couleur du potiron. Vous pouvez la remplacer par du potiron.*

■ *L'épeautre est une variété de blé qui pousse en Provence dans la région du Ventoux. On le trouve dans les magasins diététiques.*

Vin conseillé
Vin rouge Côtes du Ventoux
Menu
Soupe de courge à l'épeautre
Jarret de veau aux câpres
et au fenouil
Mousse au chocolat

VELOUTÉ D'ENDIVES ET CREVETTES GRISES

Facile ■ Bon marché ■ Pour 6 personnes ■ Préparation 30 min ■ Cuisson 30 min

- 1 kg d'endives blanches
- 2 beaux oignons
- 1,2 l de bouillon de volaille instantané
- 500 g de crevettes grises cuites
- 80 g de beurre
- 25 cl de crème fleurette
- 1/2 c. à café de sucre en poudre
- sel
- poivre du moulin

1 Équeutez et étêtez les crevettes. Préparez les légumes : pelez les oignons et émincez-les ; ôtez, si nécessaire, les quelques feuilles fanées des endives et fendez-les en deux. Réservez deux ou trois d'entre elles. Dans une large casserole, faites cuire doucement à couvert, dans 50 g de beurre, les oignons et les endives pendant 10 min. Salez, poivrez, ajoutez une pincée de sucre. Couvrez-les ensuite de bouillon de volaille et poursuivez la cuisson pendant 15 min.

2 Lorsque les légumes sont tendres, mixez-les dans le bouillon puis ajoutez la crème fleurette. Rectifiez l'assaisonnement et réchauffez doucement la crème d'endives (l'introduction de la crème fleurette l'aura refroidie), sans la faire bouillir.

3 Pendant ce temps, taillez les feuilles d'endives restantes en fins bâtonnets. Faites-les légèrement caraméliser dans 30 g de beurre et une pincée de sucre. Plongez les crevettes dans le velouté chaud et servez le tout aussitôt, accompagné, pour chaque bol, d'une cuillerée d'endives caramélisées.

à table +

Recette de Paul Aerts, chef du restaurant Marly, à Anvers.

Vin conseillé
Bourgogne blanc
Menu
Velouté d'endives et crevettes grises
Papillotes de cabillaud au citron
Crumble aux poires

VELOUTÉ DE HARICOTS AUX TRUFFES

Facile ■ Cher ■ Pour 4 personnes ■ Préparation 15 min ■ Cuisson 2 h

- ■ **100 g de haricots blancs**
- ■ **1 belle truffe**
- ■ **25 cl de crème fraîche**
- ■ **2 c. à soupe d'huile d'olive**
- ■ **1 oignon piqué d'un clou de girofle**
- ■ **1 feuille de laurier**
- ■ **poivre du moulin**

1 La veille, faites tremper les haricots dans de l'eau froide.

2 Le jour même, égouttez les haricots et mettez-les dans une casserole, recouverts d'eau froide, avec le laurier et l'oignon piqué d'un clou de girofle. Salez. Portez à ébullition et laissez frémir pendant 2 h en prenant soin d'ajouter au besoin un peu d'eau.

3 Ôtez l'oignon et le laurier et mixez avec l'eau de cuisson, l'huile d'olive et la crème fraîche. Goûtez pour vérifier l'assaisonnement, ajoutez un peu d'eau si le velouté est trop épais. Poivrez fortement.

4 Réchauffez le velouté en ajoutant les truffes finement émincées. Servez aussitôt.

■ *Vous pouvez utiliser toutes sortes de haricots blancs ; les tarbais sont particulièrement savoureux.*

■ *Si vous utilisez des truffes en conserve, n'oubliez pas d'ajouter le jus des truffes dans le velouté.*

Vin conseillé
Pomerol

Menu
Velouté de haricots aux truffes
Chapon truffé et son méli-mélo de légumes
Vacherin aux marrons glacés

SOUPE AUX POIREAUX DE MARGUERITE

Très facile ■ Bon marché ■ Pour 6 personnes ■ Préparation 15 min ■ Cuisson 20 min

■ **1 kg de pommes de terre**
■ **2 poireaux**
■ **40 g de beurre doux ou**
1 c. à soupe de crème fraîche
■ **gros sel de mer**
■ **poivre du moulin**

1 Pelez les pommes de terre, lavez-les, coupez-les en petits morceaux. Préparez les poireaux. Enlevez les racines. Fendez-les en deux et lavez-les sous l'eau froide. Épongez-les et émincez-les finement.

2 Dans une cocotte, versez 1,5 l d'eau, salez et mettez les pommes de terre. Lorsque l'eau arrive à ébullition, ajoutez les poireaux. Couvrez et laissez cuire 20 min.

3 Rectifiez l'assaisonnement, ajoutez le beurre ou la crème fraîche selon votre goût, quelques tours de moulin à poivre et servez la soupe aussitôt, accompagnée de croûtons grillés.

à table ✚

■ *Mettez les poireaux quand l'eau des pommes de terre bout, la soupe restera verte et beaucoup plus parfumée.*
■ *Dosez bien les poireaux : 2 poireaux moyens suffisent pour un kg de pommes de terre.*

Vin conseillé
Bordeaux rouge Médoc
Menu
Soupe aux poireaux de Marguerite
Gigot d'agneau aux deux haricots
Pain d'épices perdu aux poires

SOUPE AU POTIRON ET KIRI

Facile ■ Bon marché ■ Pour 6 personnes ■ Préparation 30 min ■ Cuisson 20 min

■ **1,5 kg de potiron**
■ **2 petites pommes de terre**
■ **2 carrés de fromage Kiri**
■ **4 c. à soupe d'huile d'olive**
■ **1/2 botte de persil plat**
■ **2 pincées de gros sel marin**
■ **4 tours de moulin à poivre**

Le Kiri apporte de l'onctuosité à cette soupe, mais elle peut aussi être liée avec de la crème ou du lait.

1 Épluchez et découpez le potiron en cubes. Dans une cocotte, versez l'huile d'olive et faites rissoler les cubes 5 min à feu moyen, jusqu'à ce qu'ils soient légèrement dorés.

2 Versez 1 l d'eau ou un peu plus dans la cocotte de façon à couvrir tout juste le potiron. Ajoutez les pommes de terre épluchées et coupées en morceaux. Salez, poivrez. Faites cuire 20 min à feu moyen.

3 Mixez le tout avec les 3/4 du persil, le sel, et les portions de Kiri. Goûtez pour vérifier l'assaisonnement, réchauffez. Servez brûlant, en décorant avec le reste des feuilles de persil.

Vin conseillé
Corbières rouge

Menu
Soupe au potiron et Kiri
Rôti de porc à la moutarde en grains
Gâteau aux noix et aux noisettes

POTAGE TOPINAMBOURS-POMMES DE TERRE AU BACON

Facile ■ Bon marché ■ Pour 6 personnes ■ Préparation 25 min ■ Cuisson 40 min

■ **500 g de topinambours**
■ **250 g de pommes de terre nouvelles**
■ **1 oignon**
■ **100 g de bacon coupé en tranches fines**
■ **1 petite branche de romarin**
■ **75 cl de bouillon de légumes**
■ **15 cl de crème épaisse**
■ **3 c. à soupe d'huile**

1 Épluchez les pommes de terre. Brossez les topinambours minutieusement. Détaillez les légumes en morceaux.

2 Détaillez la moitié du bacon en fines lanières. Dans une cocotte, faites chauffer 2 c. à soupe d'huile. Versez l'oignon émincé, la moitié du bacon et faites revenir le tout pendant 5 min. Ajoutez les topinambours et les pommes de terre. Continuez la cuisson 5 min. Versez le bouillon et la crème. Mélangez. Ajoutez le romarin. Baissez le feu.

3 Faites griller le reste du bacon sans matière grasse. Retirez-le de la poêle et déposez-le sur du papier absorbant.

4 Après 30 min de cuisson, enlevez le romarin et passez la soupe au mixeur. Au moment de servir, parsemez chaque bol de soupe de bacon grillé.

à table +

En été, vous pouvez remplacer les topinambours par des fonds d'artichauts.

Vin conseillé
Bordeaux Graves rouge
Menu
Potage topinambours-pommes de terre au bacon
Faisans, poivronade au chou
Fondant aux pruneaux

BORTSCH

Facile ■ Bon marché ■ Pour 6 personnes ■ Préparation 10 min ■ Cuisson 30 min

- ■ **4 cubes de bouillon de pot-au-feu dégraissé**
- ■ **1/2 chou vert**
- ■ **4 betteraves cuites**
- ■ **2 c. à soupe de vinaigre de vin**
- ■ **2 dl de crème fraîche**
- ■ **1 bouquet d'aneth**
- ■ **sel**
- ■ **poivre du moulin**

1 Diluez les cubes de bouillon dans 2 litres d'eau froide et portez à ébullition.

2 Lavez le chou et coupez-le en fines lamelles. Détaillez les betteraves en bâtonnets. Faites cuire les légumes 30 min dans le bouillon frémissant.

3 Salez, poivrez. Au moment de servir, ajoutez le vinaigre et l'aneth ciselé. Servez le bortsch brûlant et la crème fraîche glacée à part.

à table +

- ■ *Ce plat de la cuisine russe est encore meilleur s'il est fait à partir d'un bouillon de pot-au-feu.*
- ■ *Si vous trouvez de la betterave crue, n'hésitez pas à l'utiliser.*

Vin conseillé
Rouge Minervois

Menu
Bortsch
Harengs à la russe
Compote de fruits d'hiver

112

BOUILLON AUX CRÊPES ÉPICÉES

Facile ■ Bon marché ■ Pour 6 personnes ■ Préparation 15 min ■ Cuisson 10 min

- ■ **1,5 l de bouillon de volaille**
- ■ **2 œufs**
- ■ **60 g de farine**
- ■ **1 dl de lait**
- ■ **1 pincée de muscade**
- ■ **1/2 c. à café de cumin en poudre**
- ■ **1/2 botte de ciboulette**
- ■ **1/2 botte de persil plat**
- ■ **2 c. à soupe d'huile**
- ■ **sel**
- ■ **poivre du moulin**

1 Dégraissez le bouillon froid en ôtant la couche de graisse.

2 Préparez la pâte à crêpes en mélangeant les œufs, la farine tamisée, le lait. Ajoutez la moitié de la ciboulette ciselée, la muscade, le cumin, salez, poivrez.

3 Faites chauffer 1 c. à soupe d'huile dans une poêle. Versez la moitié de la pâte. Faites cuire 2 à 3 min de chaque côté. Huilez à nouveau la poêle avant de faire la deuxième crêpe.

4 Roulez les crêpes sur elles-mêmes. Découpez-les en tronçons d'1 cm.

5 Portez le bouillon à ébullition. Ajoutez les tronçons de crêpes et le reste de la ciboulette ciselée. Poivrez fortement et servez aussitôt.

à table +

- ■ *Vous pouvez préparer les crêpes à l'avance. Dans ce cas, enveloppez-les encore chaudes dans une double épaisseur de film alimentaire, pour éviter qu'elles ne durcissent.*
- ■ *Recette de Josef Neuherz, chef de l'hôtel Triest.*

Vin conseillé
Vin rouge, côteaux du Languedoc
Menu
Bouillon aux crêpes épicées
Cocotte de lapin aux pruneaux
et aux herbes
Tarte au potimarron

CRÈME CAPPUCCINO

Très facile ■ Bon marché ■ Pour 8 personnes ■ Préparation 10 min ■ Cuisson 2 min ■ Temps de repos 8 h

■ 1/4 l de lait
■ 2 c. à soupe de café soluble
■ 260 g de chocolat
à 61 % de cacao
■ 2 œufs
■ 1 c. à soupe de jus d'orange
■ 1 c. à café de cannelle

1 Mélangez le lait et le café soluble dans une casserole et portez à ébullition sur feu doux.

2 Cassez le chocolat en morceaux et faites-le fondre dans le café au lait. Mélangez jusqu'à ce que la préparation soit lisse et homogène. Ajoutez la cannelle, le jus d'orange, les œufs et mélangez à nouveau.

3 Versez la préparation dans des tasses à café ou dans de petites coupes et laissez refroidir à la température ambiante, 8 h minimum.

à table +

Vous pouvez décorer la crème avec des grains de café au chocolat.

Vin conseillé
Vin doux naturel Banyuls
Menu
Soupe lardons croûtons
Joue de bœuf aux champignons
Crème cappuccino

SOUPE DE COINGS ET DE RAISIN MUSCAT À LA GRENADE ET À L'EAU DE ROSE

Facile ■ Bon marché ■ Pour 6 personnes ■ Préparation 15 min ■ Cuisson 25 min ■ Temps de repos 3h

■ **4 coings**
■ **1 belle grappe de raisin muscat**
■ **50 g de raisins secs de Smyrne**
■ **1 grenade**
■ **1 citron**
■ **1 c. à café de coriandre en grains**
■ **2 c. à soupe d'eau de rose**
■ **150 g de sucre**

L'eau de rose s'achète dans les pharmacies ou dans les épiceries exotiques.

Vin conseillé
Muscat de Beaumes de Venise
Menu
Nems au confit de canard
Calamars, haricots, chorizo
Soupe de coings et de raisin muscat
à la grenade et à l'eau de rose

1 Épluchez les coings, jetez le cœur et les pépins. Coupez-les en quartiers. Faites un sirop en portant à ébullition 1 l d'eau avec le sucre, la coriandre et le jus du citron. Faites cuire les coings dans ce sirop pendant 20 min à feu doux. Vérifiez la cuisson avec la pointe d'un couteau.

2 Versez les coings avec le jus dans un saladier. Ajoutez les raisins secs et laissez refroidir.

3 Coupez la grenade en 2 et prélevez les graines. Mettez-les dans le saladier, ajoutez les grains de raisin muscat et l'eau de rose. Mélangez et laissez au frais pendant 3 h minimum avant de servir.

Conseils pratiques

**Comment conserver
les soupes ?**

Dans un récipient bien hermétique
ou un bol recouvert d'un film plastique.
Pas plus de 48 h.

Peut-on les congeler ?

Oui, si votre congélateur descend à
une température de -18°C. Mieux vaut
les consommer assez rapidement
(de préférence dans le mois suivant
leur réalisation). Congelez les
bouillons de légumes ou de volailles
par petites portions pour faire
des risottos (soit en les faisant prendre
dans un casier à glace, soit dans
de petites boîtes). Une fois congelés,
conservez-les dans un sac plastique
au congélateur.

**Comment lier les veloutés
de légumes ?**

Pour 4 personnes :
- 1 ou 2 Kiri.
- 1 jaune d'œuf.
- 2 c. à soupe de chèvre frais
ou de brousse de brebis.
- 50 g de parmesan râpé.

**Comment assaisonner
soupes et veloutés ?**

Pour 4 personnes :
- Une noix de beurre (qu'on laisse
fondre au dernier moment).
- 1 à 2 c. à soupe de très bonne
huile d'olive, appropriée pour toutes
les soupes.
- 1 à 2 c. à soupe d'huile de noix
avec un velouté de champignons
ou de chou-fleur.
- 2 à 3 c. à soupe de crème fraîche
épaisse à verser dans la soupière.

Évitez absolument de la faire cuire.
- 15 à 20 cl de lait de coco
(à ajouter en fin de cuisson).
C'est délicieux avec tous les légumes,
les poissons et les crustacés.
- Quelques herbes fraîches ciselées
au dernier moment (ciboulette,
basilic, estragon coriandre, cerfeuil),
c'est joli et goûteux.

**Si, au moment de la servir,
vous trouvez votre soupe
un peu fade...**

Commencez par évaluer la dose
de sel et de poivre puis ajoutez soit :
- 1 c. à soupe de Xérès ou de vinaigre
de Xérès.
- Quelques gouttes de jus de citron
(jaune ou vert).
- Quelques gouttes de Tabasco.
- 1 à 2 c. à café de sauce soja
ou de sauce huître (dans les magasins
exotiques).
- Quelques tours de moulin
de poivre Saveur (Ducros).
- Un peu de noix muscade râpée.
- Quelques gouttes d'Angustura
(utilisé d'habitude pour les cocktails).
- 1 à 2 c. à café de pastis, avec
le brocoli, la courgette et le fenouil.

**Quelques astuces pour
parfumer vos soupes sucrées.**

Pour relever vos soupes de fruits et leur
donner un brin d'originalité, vous
pouvez leur ajouter, selon vos goûts :
- un jus ou quelques zestes de citron
ou d'orange.
- 1 ou 2 c. à soupe d'eau de fleur
d'oranger, excellent avec les agrumes,
les fruits rouges, les pêches.
- 1 ou 2 c. à soupe de Cointreau

ou de Grand Marnier.
- 1 ou 2 c. à soupe de rhum
ambré ou blanc. Le rhum s'accorde
à merveille avec les fruits
exotiques (ananas, mangue,
litchee, banane...).
- Une infusion de verveine
ou de karkade qui donne aux fruits
une touche supplémentaire
de fraîcheur et de légèreté.
- 2 à 3 tours de moulin à poivre.
- 1 sachet de sucre vanillé.
- 1 pincée de cannelle sur les soupes
à base de pommes, de bananes
ou d'ananas.
- 1 pincée de gingembre en poudre
avec les poires, les pêches
et les fraises.
- Pour gagner en rapidité,
pensez à utiliser des fruits surgelés.
Déjà épluchés, dénoyautés, coupés,
ils sont en outre de très bonne qualité.
Il existe aussi des conserves
remarquables. Les fruits étant conservés
dans un sirop, il est inutile
de les sucrer à nouveau. Finalement,
n'hésitez pas à mélanger fruits frais,
en conserve et surgelés en fonction
des saisons et de vos envies.

Les incontournables

POIREAUX-POMMES DE TERRE

Pour 4 personnes
Préparation : 10 min
Cuisson : 25 min
4 poireaux
3 pommes de terre moyennes
50 g de beurre
1 à 2 c. à soupe de crème fraîche

Épluchez et lavez les poireaux, coupez-les en tronçons. Mettez-les dans une casserole avec le beurre et faites-les cuire à feu doux et à couvert pendant 5 min. Versez 75 cl d'eau chaude. Ajoutez les pommes de terre épluchées et coupées en morceaux, salez et faites cuire à feu doux 20 min. Mixez le tout avec la crème fraîche. Révisez l'assaisonnement.

VELOUTÉ DE TOMATE

Pour 4 personnes
Préparation : 15 min
Cuisson : 35 min
1 kg de tomates
2 oignons
1 poireau
1 branche de céleri
4 c. à soupe d'huile d'olive
1 c. à café de sucre
1 brin de thym
1 feuille de laurier

Pelez et épépinez les tomates et coupez-les en morceaux. Épluchez et hachez les oignons. Faites-les blondir à feu doux pendant 10 min avec 2 c. à soupe d'huile d'olive, le thym et le laurier. Ajoutez le poireau et le céleri épluchés et coupés en tronçons. Faites cuire encore 5 min en remuant le tout. Ajoutez les tomates et 1/2 l d'eau chaude. Salez, ajoutez le sucre et faites cuire 20 min. Ôtez le laurier et le thym et mixez le tout. Ajoutez le restant d'huile d'olive.

SOUPE DE POISSON

Pour 4 personnes
Préparation : 30 min
Cuisson : 50 min
1 kg de poisson (rascasse, lieu, dorade, vive...)
1 poireau
2 tomates
1 oignon
1 c. à café de fenouil en grains
2 gousses d'ail
1 dose de safran
1 feuille de laurier
2 brins de thym
4 c. à soupe d'huile d'olive

Écaillez, videz, lavez les poissons, coupez en morceaux les plus gros.
Épluchez et émincez l'oignon et le poireau. Faites les revenir dans 2 c. à soupe d'huile d'olive pendant 5 min. Ajoutez les tomates pelées, épépinées et coupées en morceaux, le thym, le laurier, l'ail épluché et haché, le fenouil. Salez, poivrez. Mélangez bien le tout. Ajoutez alors les poissons, couvrez et faites cuire 15 min. Versez 1, 5 l d'eau chaude, ajoutez le safran et laissez cuire 30 min. Ôtez les têtes de poisson, les grosses arêtes et mixez le tout. Rectifiez l'assaisonnement et ajoutez le restant d'huile d'olive. Servez avec des croûtons et de l'emmental râpé en accompagnement.

BOUILLON DE LÉGUMES

Pour 4 personnes
Préparation : 10 min
Cuisson : 40 min
Pour 1 l de bouillon :
2 poireaux
2 carottes
1 oignon
1 branche de céleri
3 brins de thym
1 feuille de laurier

Épluchez les légumes et faites-les cuire à petit feu pendant 40 min dans 1, 25 l d'eau avec sel et poivre. Filtrez.

BOUILLON DE VOLAILLE

Pour 1 l
Préparation : 10 min
Cuisson : 1 h
1 poule ou 500 g d'abats de volaille (ailerons, cous, pattes)
2 poireaux
2 carottes
1 oignon
1 branche de céleri
3 brins de thym
1 feuille de laurier

Dans une casserole d'eau froide mettez la poule et portez à ébullition. Ôtez l'écume puis ajoutez les légumes coupés en morceaux et les herbes. Salez, poivrez. Laissez frémir 1 h. Filtrez le bouillon.

LA BOUILLABAISSE ET SA ROUILLE

Pour la soupe :

Pour 8 personnes
Préparation : 15 min
Cuisson : 45 min
3 à 4 kg de poissons de roche pour soupe
3 oignons
2 poireaux
12 gousses d'ail
3 carottes
5 tomates
1 feuille de laurier
1 brin, de thym
1 branche de fenouil sauvage
ou 2 c. à soupe de pastis
20 cl d'huile d'olive

Préparez la soupe. Dans une grande casserole, faites revenir dans l'huile d'olive, les poissons, les oignons émincés, les poireaux et les carottes en rondelles, l'ail écrasé (dont 4 gousses non-épluchées), le laurier, le thym et le fenouil. Une fois les aliments bien revenus, ajoutez les tomates en quartiers. Recouvrez d'eau, salez, poivrez. Laissez cuire 1/2 h. Tous les ingrédients doivent être fondants.

Pour la bouillabaisse :

Préparation : 30 min
Temps de repos : 2 h. Cuisson : 15 min
4 tomates mûres
8 gousses d'ail
2 oignons
16 pommes de terre charlotte
1 bouquet garni
3 c. à café de concentré de tomates
20 cl d'huile d'olive
30 g de safran pur
50 g de gros sel
50 g de poivre noir
8 kg de poissons (écaillés et vidés par le poissonnier)
dont : 2 chapons (800 g à 1 kg)
2 saint-pierre (800 g à 1 kg)
4 girondins (300 g)
8 rascasses (150 g à 200 g)
4 vives (300 g)
2 vieilles (600 g à 800 g)
8 tranches de murène (à défaut, du congre)
1 kg de sèches
1 kg de crabes (étrilles)
24 moules d'Espagne

Préparez la bouillabaisse. Dans un grand faitout, mettez les pommes de terre épluchées et coupées en quatre, les oignons émincés, l'ail écrasé et épluché, le concentré de tomates, les tomates coupées en quartiers, les sèches nettoyées et découpées en lamelles, les tranches de murène, 25 g de sel, 25 g de poivre et 15 g de safran. Arrosez de 10 cl d'huile d'olive et mélangez le tout à la main. Par-dessus, rangez les poisson dans l'ordre suivant : chapons, saint-pierre, rascasses, vives, girondins, vieilles, crabes et moules. Salez, poivrez et ajoutez le reste du safran et de l'huile d'olive, et laissez reposer 2 h. Ensuite, versez la soupe de poisson jusqu'à ce qu'elle recouvre bien le tout. Portez à ébullition et comptez environ 15 min de cuisson à feu moyen ; La bouillabaisse est prête quand les pommes de terre sont cuites. Prélevez le bouillon et levez les filets de poissons. Servez la bouillabaisse dans deux récipients : le bouillon à part et les filets de poisson accompagnés des pommes de terre. Servez avec la rouille, du gruyère râpé et des croûtons de pain.

Pour la rouille :

Préparation : 10 min. Pas de cuisson
2 jaunes d'œufs
2 gousses d'ail
1 tranche de pain de mie trempée dans du lait
1 pincée de piment
3 g de safran
1/2 litre d'huile d'olive

Préparez la rouille. Dans un bol, mélangez les jaunes d'œuf, l'ail épluché et écrasé, la mie de pain égouttée, le piment et le safran. Pilez le mélange jusqu'à ce qu'il forme une purée. Montez délicatement la rouille, comme une mayonnaise, en incorporant peu à peu l'huile d'olive, à l'aide d'une cuillère en bois. Salez et poivrez.

Contenance approximative de divers récipients

- 1 c. à café . . . . 0,5 cl
  . . . . .5 g (café, sel, sucre, tapioca)
  . . . . .3 g (fécule)
- 1 c. à dessert . . . . . . .1 cl
- 1 c. à soupe . . . . 1,5 cl
  . . . . .5 g (fromage râpé)
  . . . . .8 g (cacao, café, chapelure)
  . . . . .12 g (farine, riz, semoule, crème fraîche)
  . . . . .15 g (sucre en poudre, beurre)
- 1 tasse à moka . . . .de 8 à 9 cl
- 1 tasse à café . . . . . .10 cl
- 1 tasse à thé . . . . . .de 12 à 15 cl
- 1 tasse à déjeuner de 20 à 25 cl
- 1 bol . . . . 35 cl
  . . . . .225 g de farine
  . . . . .320 g de sucre en poudre
  . . . . .300 g de riz
  . . . . .260 g de cacao
- 1 assiette à soupe de 25 à 30 cl
- 1 verre à liqueur . de 2,5 à 3 cl
- 1 verre à madère . . . .de 5 à 6 cl
- 1 verre à bordeaux de 10 à 15 cl
- 1 grand verre . . . . .25 cl
  . . . . .150 g de farine
  . . . . .220 g de sucre en poudre
  . . . . .200 g de riz
  . . . . .190 g de semoule
  . . . . .170 g de cacao
- 1 verre à moutarde . . . 15 cl
  . . . . .100 g de farine
  . . . . .140 g de sucre en poudre
  . . . . .125 g de riz
  . . . . .110 g de semoule
  . . . . .120 g de cacao
  . . . . .120 g de raisins secs

Température de service des vins

Blancs . . . . sec . . . . 8 à 10 °C
. . . . moelleux . . . . .10 à 12 °C
. . . . grand blanc . . .10 à 14 °C

Rosés . . . . .8 à 10 °C

Rouges . . . . jeune . . . . .12 à 14 °C
. . . . rouge . . . . .16 à 19 °C

Vins doux naturels et moelleux . . . . 8 à 12°C

Champagnes . . . . sans année . . . . .8 à 10°C
. . . . grande cuvée . . . . .12°C

Tableau indicatif de cuisson

Th. 1 = 30 °C . . . . à peine tiède
Th. 2 = 60 °C . . . . tiède
Th. 3 = 90 °C . . . . chaleur très douce
Th. 4 = 120 °C . . . . chaleur douce
Th. 5 = 150 °C . . . . chaleur modérée
Th. 6 = 180 °C . . . . chaleur moyenne
Th. 7 = 210 °C . . . . . . chaleur assez élevée
Th. 8 = 240 °C . . . . chaleur élevée
Th. 9 = 270 °C . . . . chaleur très élevée
Th. 10 = 300 °C . . . . chaleur vive

Table des recettes

Index des ingrédients

Les photographies sont de :
Yves Bagros : p. 36.
Jérôme Bilic : p. 20, 32, 80, 82.
Gilles de Chabaneix : p. 50, 92.
Pierre Desgrieux : p. 58, 74, 78.
Pierre-Olivier Deschamps / Vu : p. 10, 28, 54, 64, 96, 108, 122, 124.
Marcel Duffas : p. 12.
Yves Duronsoy : p. 72, 76, 84, 98.
Jean-Blaise Hall : p. 26, 52, 86, 90, 118.
Arjaan Hamel : p. 110.
Francis Hammond : p. 102, 114, 116.
Eric d'Hérouville : p. 100.
Akiko Ida : p. 40, 120, 121.
David Japy : p. 24, 42, 60.
Séline Keller : p. 88.
Peter Knaup : p. 104.
Guillaume de Laubier : p. 18.
Peter Lippman : p. 112.
Loïc Nicoloso : p. 30.
Bob Norris : p. 16, 44, 48, 66.
Maurice Rougement : p. 34.
Mickaël Roulier : p. 14, 46, 62.
Édouard Sicot : p. 22, 56, 70, 106.

Les recettes ont été réalisées par :
Garlone Bardel : p. 66.
Catherine de Chabaneix : p. 50.
Guillaume Crouzet : p. 34, 50, 54, 58, 74, 78, 84, 102, 106, 114.
Sandrine Giacobetti : p. 106.
Lauretta : p. 80, 92.
Nathalie Le Foll : p. 18, 20, 22, 26, 28, 30, 40, 46, 56, 64, 66, 70, 72, 76, 82, 86, 88, 90, 98, 100, 104, 116, 118.
Valérie Lhomme : p. 44, 84, 102.
Philippe Marquet : p. 32.
Delphine de Montalier : p. 16, 24, 42, 48, 60, 122.
Corinne Morin : p. 10.
Laurence Mouton : p. 52.
Ingmar Niezen : p. 110.
Basile du Plessis : p. 112.
Elisabeth Scotto : p. 54.
Fanny Stahl : p. 108.
Laurence du Tilly : p. 36.
Emmanuel Turiot : p. 14, 46, 62.